Ulrike Strätling

Ein Strauß Wiesenblumen

Kurzgeschichten
für die tägliche Arbeit
im Seniorenheim

www.JoyEdition.de

EIN STRAUß WIESENBLUMEN

Kurzgeschichten für die tägliche Arbeit im Seniorenheim

Ulrike Strätling

Impressum

Autorin
Ulrike Strätling

Verlag
Joy Edition – Buchverlag, E-Books and more ...
D-71296 Heimsheim, www.joyedition.de

Druck
Printsystem GmbH
D-71296 Heimsheim, www.printsystem.de

Buchgestaltung
Grafik- und Designstudio
der Printsystem GmbH

Titelbild
©depositphotos/zhekos

1. Auflage, April 2020

Der Umwelt zuliebe gedruckt
auf umweltfreundlichem, chlor- und säurefrei
gebleichtem Papier.

ISBN 978-3-945833-98-8

Inhalt

Bäume machen glücklich

Wenn ein Mensch immer und ständig alleine ist, wird er traurig und einsam. So erging es auch Hermann Köster. Seit zehn Jahren war Hermann Witwer und tagaus und tagein alleine. Er wurde sehr traurig und fühlte sich sehr einsam. Von Tag zu Tag einsamer.

Eines Tages las er einen interessanten Artikel in einer Zeitschrift. Darin stand, dass man öfter in den Wald gehen sollte, um einen oder mehrere Bäume zu umarmen. Also die Baumstämme. Einen ganzen Baum kann man ja schlecht umarmen. Die Bäume, so las Hermann, hätten eine heilende Wirkung und würden glücklich machen. Der Wald und seine reine Luft würden Wunder bewirken. Aha. Viele Bäume würden sogar eine ganz spezielle Ausstrahlung besitzen. Der Weidenbaum würde bei Schmerzen helfen und eine Zeder sei gut für das Zahnfleisch. Die Rosskastanie kräftigt die Venen. Hermann war begeistert. Vielleicht war ja auch ein Baum gegen Einsamkeit dabei? Vielleicht eine schöne alte Eiche? Aber glücklich würde es auf jeden Fall machen.

Am Sonntagmorgen machte sich Hermann auf den Weg zum Wald. Und da er am Stadtrand wohnte, war der Wald schnell erreicht. „Oh mein Gott, ist das schön hier“, rief Hermann, der schon lange nicht mehr im Wald gewesen war. Die Vögel zwitscherten, bunte Schmetterlinge flogen umher, ein Hase sprang ihm über den Weg.

Hermann ging zielstrebig auf einen Baum zu. Es war eine Kastanie mit einem schönen dicken Stamm. Hermann ging dicht an den Stamm heran. Er zögerte kurz. Dann holte er tief Luft und umarmte den Baumstamm. Oh, ah, das tat gut. Er fragte sich, ob der Baum wohl seine Umarmung spürte. Nach einer Weile lief Hermann zum nächsten Baum. Es war eine Eiche. Liebevoll legte er seine Arme um den alten Baum. Seine rechte Wange lag an der Baumrinde.

„Wie alt bist du?“, flüsterte er dem Baum zu. „Ich bin fünfundsechzig und sehr einsam. Du hast viele Freunde hier. Ich bin alleine.“ Hermann seufzte. Dann drehte er den Kopf und legte die linke Wange an den Baumstamm. Da erschrak er. Er war hier nicht alleine. Neben ihm, an einem anderen Baum, war eine Frau. Und diese Frau umarmte ebenfalls einen Baumstamm.

„Guten Tag. Sind Sie auch einsam?“, meinte Hermann etwas verlegen.

„Ja, sehr einsam“, sagte die Dame und nickte heftig mit dem Kopf. Hermann dachte kurz nach. Dann fragte er: „Wollen wir gemeinsam durch den Wald laufen?“

„Gerne“, sagte die Dame hocherfreut.

Und das war der Anfang einer langen Freundschaft, die bis zum heutigen Tag gehalten hat. Ja, der Wald und seine Bäume, die Tiere und die gute Luft machen glücklich. Ob man einsam ist oder auch nicht, einen Baumstamm zu umarmen, lohnt sich immer. Und wenn Sie mir das nicht glauben, probieren Sie es doch selbst einmal aus.

Georg will Muskeln

Eines Morgens besah sich Georg im Spiegel. Er besah sich sehr gründlich. Erst von vorne, dann von der rechten Seite, dann von der linken Seite. Oje, er seufzte. Dann besah er sich, so gut, wie es ging, von hinten. Georg war nicht zufrieden mit dem, was er im Spiegel sah. Er war entschieden zu dünn. Er sah nach nichts aus, er besaß auch nicht gerade viele starke Muskeln. So beschloss er an diesem Morgen, etwas zu ändern, und er wollte gleich damit anfangen.

Georg lief in die Küche und sagte zu seiner Frau: „Elli, ich muss mehr essen. Ich will nicht länger wie ein Spargeltarzan aussehen. Ich hätte gerne Rührei mit Speck zum Frühstück." Georg bekam sein Rührei mit Speck und dazu sogar noch einige kleine Rostbratwürstchen. Er bedankte sich bei seiner Frau und meinte dann: „Elli, ich werde ab heute Sport treiben. Deshalb gehe ich jetzt in ein Fitnessstudio."

Seine Frau wunderte sich über Georg. Hatte das etwas zu bedeuten? Warum wollte Georg auf einmal Muskeln? Gab es da eine andere Frau? Elli war eifersüchtig.

Im Fitnessstudio ging es rege zu. Hier wurden Gewichte gestemmt. Übungen an verschiedenen Geräten gemacht. Die Leute schwitzten mächtig und tranken zwischendurch viel Wasser. Georg staunte und meldete sich an. Ein Mann, der ein Trainer war, nahm sich Zeit für Georg. Er gab viele Tipps und empfahl, langsam mit dem Training anzufangen. Eine gute Ernährung wäre auch wichtig, sie sollte sehr kalorienreich sein, damit sich die Muskeln langsam aufbauen konnten. Aha.

Wenig später stieg Georg auf ein Laufband. Das Laufband startete und Georg lief ganz gemütlich los, wie bei einem Spaziergang. Dann wurde das Laufband schneller und Georg musste sich schon ganz schön anstrengen, um mithalten zu können. Er schwitzte.

Nach einer kurzen Verschnaufpause stieg er auf ein Fahrrad. Das stand fest im Raum neben vielen anderen Fahrrädern. Georg strampelte. Es ging bergauf. Nun schwitzte er noch mehr. Dazu kam jetzt auch noch Durst. Oje, großer Durst. Er war froh, als er absteigen durfte.

Zum Schluss bekam er noch zwei Hanteln. Rauf und runter. Rauf, runter, das ging in die Arme. Georg ging langsam die Puste aus. Dann durfte er endlich Schluss machen. Der Trainer empfahl ihm, dreimal in der Woche zu kommen. Das wäre nötig, um schöne Muskeln zu bekommen. An drei Tagen strampeln, radeln, pumpen, stemmen und schwitzen. Ob er das durchhalten würde? Georg schleppte sich nach Hause. Elli hatte ihm Bratkartoffeln mit Speck und Zwiebeln gemacht. Sie schmunzelte und meinte: „Pass gut auf, dass du demnächst vor lauter starken, dicken Muskeln noch durch den Türrahmen passt.“ Georg stöhnte, ihm taten alle Knochen weh. Ein kräftiger Muskelkater kündigte sich an. Seine Frau meinte: „Ja, wer Muskeln will, muss leiden.“ Doch Georg war sich gar nicht mehr sicher, ob er die Muskeln noch haben wollte.

Hannes schnarcht

Es war zwei Uhr in der Nacht und Hannes schnarchte. Chrrr, chrrr, zeh, zisch, puh. Seine Frau lag wach neben ihm, sie konnte nicht schlafen. So wie jede Nacht. Hannes schnarchte und schnarchte. Er schnappte nach Luft und schnarchte weiter. Er sägte einen ganzen Wald ab. Gerda, seine Frau, schnappte sich wieder einmal ihr Kopfkissen und ging ins Wohnzimmer. Dort legte sie sich auf das Sofa, um wenigstens einige Stunden Schlaf zu bekommen. So wie jede Nacht.

Und so wie an jedem Morgen fühlte sie sich unausgeschlafen und schlapp. Gerda war es leid, Nacht für Nacht auf dem Sofa zu schlafen. Es musste sich unbedingt etwas ändern. Darum sagte sie an jenem Morgen zu ihrem Mann Hannes: „Entweder du gehst wegen deiner Schnarcherei zum Arzt oder du ziehst aus. Bei deinem Geschnarche kann kein Mensch ein Auge zutun." Oh. Hannes war sehr erschrocken. Zum Arzt wollte er auf gar keinen Fall. Ausziehen wollte er aber auch nicht. Wohin auch? Was sollte er tun? Hannes dachte nach. Er dachte lange nach. Genau drei Stunden lang. Dann hatte er eine Idee. Er lief in den Garten.

Im Garten stand eine Laube. Hannes ging hinein und sah sich um. Mh, ja, einige Veränderungen mussten sein. Er fing an zu werkeln. Er rückte und räumte, er schob und er hob, er räumte aus und räumte ein. Bis alles so war, wie er es wollte. Er hatte die Laubenmöbel umgestellt und ein faltbares Gästebett unter das Fenster gestellt. Sein Kopfkissen und die Bettdecke lagen schon bereit. Es sah gemütlich aus. Er sah sich um und war zufrieden. Ab heute würde er hier schlafen.

Gerda kam herbei und staunte nicht schlecht, als sie Hannes' neues Schlafzimmer sah. Sie sagte: „Das ist eine ganz tolle Idee. Endlich werde auch ich wieder gut schlafen können. Doch was machst du im Winter, wenn es ordentlich kalt ist? Du wirst dann in der Laube frieren."

„Mh", überlegte Hannes und kratzte sich am Kinn. Nach einer kurzen Überlegungspause meinte er: „Ich werde mir einen dicken Schlafsack kaufen und vielleicht dann doch einmal zum Arzt gehen."

„Das hört sich gut an", sagte Gerda. Gemeinsam schlenderten sie zum Haus zurück. Auf Hannes warteten ein leckerer Erdbeerboden mit Schlagsahne und ein frisch aufgebrühter Bohnenkaffee.

Die Puppensammlerin

Schon seit vielen Jahren sammelte Annemarie Puppen. Porzellanpuppen, Babypuppen von Schildkröt, Stoffpuppen, Puppen mit echten Haaren, kleine Puppen und große Puppen. Alle waren schön angezogen mit selbst gestrickten oder genähten Sachen. Die Püppis saßen auf dem Sofa, in den Sesseln, auf ihrem Bett, einige lagen in einem großen Stubenwagen. Das allerkleinste Püppchen lag in einem Puppenbettchen. Annemarie liebte sie alle.

Eines Tages las Annemarie, dass eine große Puppenmesse stattfinden sollte. Puppen, Zubehör, Kleidung und Teddybären würden ausgestellt werden und könnten käuflich erworben werden. Ja, das war etwas für Annemarie. Sie kaufte sich eine Fahrkarte für die Bahn, steckte sich ein wenig Geld von dem Ersparten ein und los ging es. Es war Samstagvormittag, als Annemarie im Zug saß und aus dem Fenster schaute. Der Zug rollte rasant über die Schienen. Felder und Wälder zogen an Annemarie vorbei. Annemarie genoss die Fahrt und freute sich auf die Puppenmesse. Doch was war das? Plötzlich wurde der Zug langsamer und bald schon rollte er nur noch im Schneckentempo. Wenn das so weiterging, würde sie niemals pünktlich ankommen. Endlich kam eine Durchsage. Der Zug hatte ein technisches Problem und alle Fahrgäste sollten den Zug am nächsten Bahnhof verlassen. Annemarie stöhnte. Warum musste ihr das passieren?

Am Bahnhof angekommen, stiegen alle aus. Annemarie erkundigte sich, wie sie am schnellsten zur Puppenmesse käme. Es war nur noch eine Station, aber es fuhr kein Zug in den nächsten zwei Stunden. Annemarie lief zum Taxistand und fragte nach dem Fahrpreis. Oje, das war zu teuer. Sie würde sich keine Puppe mehr kaufen können.

Annemarie dachte nach. Warum eigentlich noch eine Puppe? Sie hatte doch schon so viele und so schöne Puppen. Und für das Geld könnte sie sich auch Wolle kaufen und etwas Hübsches häkeln. So fuhr sie wieder nach Hause und freute sich auf ihre Puppen, die alle schon auf Annemarie warteten. Annemarie war glücklich.

Schon Goethe hat einmal gesagt: Sammler sind glückliche Menschen.

Erinnerungen an einen Teddy

Als Helene noch ein Kind war, war ihr liebstes Spielzeug ein Teddybär. Er war hellbraun und hatte dunkle, fast schwarze Augen. Helene fuhr ihren Teddy gerne im Puppenwagen spazieren. Am Abend nahm sie ihn mit ins Bett. So war sie nie alleine. Der Teddy war ihr bester Freund, ihm konnte sie alles erzählen. Und wenn sie mal traurig war, tröstete der Teddy die kleine Helene. Aber das war nun schon viele Jahrzehnte her.

Eines Tages brauchte sie ihren Teddy nicht mehr. Helene hatte nun einen Freund. Darum kam der Teddy in einen kleinen Koffer und er war schnell vergessen. Und irgendwann war auch der Koffer weg, wahrscheinlich war er auf dem Sperrmüll gelandet.

Doch nun, viele Jahrzehnte später, erinnerte sich Helene an ihren Teddy. Sie wünschte sich so sehr, wieder so einen Teddy zu haben. Mit hellbraunem Fell und fast schwarzen Augen. Von Woche zu Woche wurde der Wunsch immer stärker. Helenes Mann fragte sie, warum sie sich einen Teddy wünschte. Er konnte das nicht verstehen, schließlich hatte Helene doch ihn. Doch Helene behauptete: „Ein Teddybär macht glücklich." Aha. So, so. Helenes Mann dachte nach. Er wollte seine Frau gerne wieder glücklich sehen. Und tatsächlich hatte er eine Idee. Eine Idee, die an Helenes Geburtstag eine Überraschung sein sollte.

Und dann war der Tag da. Helene hatte Geburtstag. Ihr Mann schmunzelte und sagte: „Mach die Augen zu und komm mal mit mir." Er führte Helene ins Wohnzimmer. Vor dem Wohnzimmertisch blieb er stehen und Helene durfte die Augen wieder aufmachen. Oh, da waren so viele Geschenke. Helene ließ den Blick streifen. Eine Geburtstagstorte stand auf dem Tisch. Und daneben stand ein Körbchen mit einem Spitzenkissen darin. Und auf dem Spitzenkissen saß ein Teddybär. Er war hellbraun und hatte fast schwarze Augen.

Helene rief entzückt: „Oh mein Gott, ist das schön. Wie wunderschön." Sie nahm den Teddy aus dem Körbchen und drückte ihn an ihre Brust. „Danke", sagte sie ergriffen.

„Bist du jetzt wieder glücklich?", fragte ihr Mann.

„Ja, sehr glücklich", meinte Helene und wischte sich eine Freudenträne aus dem rechten Auge. Es war eine sehr, sehr dicke Freudenträne und es war auch nicht die letzte an diesem Tag.

Ein Zwiebelabend

Schon viele Jahre lang kamen Gerti und ihre Freundinnen einmal im Monat zusammen, um ein leckeres Essen zu genießen. Die Freundinnen wechselten sich mit dem Kochen ab. Was es jedes Mal zu essen gab, stand unter einem Motto. So gab es in der letzten Zeit mal einen Nudelabend, einen Gemüseabend, einen Hackfleischabend und auch einen Kartoffelabend. Nun war Gerti an der Reihe, für ein leckeres Essen zu sorgen. Das, was sie zubereiten sollte, stand unter dem Motto: ein Zwiebelabend. Am Samstagabend musste alles fertig sein.

Gerti hatte bereits einige Ideen und auch schon eingekauft. Als Vorspeise gab es eine Zwiebelsuppe. Als Hauptgang eine mit Hackfleisch gefüllte Zwiebel und zum Abschluss Zwiebelkuchen. Gerti hatte viele Zwiebeln gekauft. Kleine Zwiebeln, große Zwiebeln, scharfe Zwiebeln und nicht so scharfe Zwiebeln. Eines stand fest, sie brauchte Hilfe. Und dazu eignete sich niemand besser als ihr Mann Martin.

Am Samstagvormittag türmte sich ein großer Berg Zwiebeln auf dem Küchentisch. Schon bei dem

Gedanken, diese schälen und schneiden zu müssen, trieb es Gerti die Tränen in die Augen. Sie wetzte ihr Küchenmesser und rief dann ihren Mann. „Martin, komm bitte mal in die Küche." Martin kam und als er den Berg Zwiebeln sah, ahnte er nichts Gutes.

„Martin, hilf mir bitte, die Zwiebeln zu schälen."

„Wie viele?"

„Alle."

„Da werdet ihr aber ordentlich pupsen müssen", meinte Martin und schnappte sich das Messer. Ein Liedchen pfeifend machte er sich ans Werk. Doch schon bald begann es in seinen Augen zu brennen. Kurze Zeit später tränten die Augen und wurden ganz rot. Martin schniefte und stöhnte. „Ich sehe nichts mehr, ich werde mein Augenlicht verlieren", rief er verzweifelt.

„Mach eine Pause und stelle dich ans offene Fenster", riet ihm seine Frau Gerti. Martin ging ans Fenster und Gerti machte weiter. Doch schon bald brannten auch ihre Augen. So wechselten sie sich ab. Eine gute Stunde lang. Schälen, schibbeln, aushöhlen und wieder Pause. Dann war es geschafft. Jetzt musste Gerti die Zwiebelsuppe kochen, die mit Hackfleisch gefüllten Zwiebeln braten und den Zwiebelkuchen backen. Martin half ihr auch weiterhin und so konnte das Essen pünktlich am Samstagabend auf dem Tisch stehen.

Die Freundinnen waren begeistert, es schmeckte allen sehr gut. Und Martin durfte mit dabei sein, weil er so gut geholfen hatte. Das gefiel ihm, die Arbeit hatte sich gelohnt, es schmeckte auch ihm ausgezeichnet. Und außerdem fühlte er sich zwischen all den schönen Frauen wie ein Hahn im Korb.

Im Maislabyrinth

Es war Sonntagmorgen, sieben Uhr. Rita und Volker Falkenberg lagen noch im Bett. Rita schlief noch, Volker war bereits wach. Die Sonne blinzelte schon zwischen den Vorhängen hindurch. Volker hielt es nicht länger im Bett aus. Er stand auf und zog die Vorhänge beiseite. Volker rief: „Aufwachen, Rita, heute ist ein guter Tag, um einen Ausflug zu machen. Frisch, fromm, fröhlich und frei, lass uns den Tag beginnen."

Rita seufzte: „Es ist Sonntag und noch sooo früh." Doch Volker meinte: „Der frühe Vogel fängt den Wurm. Lass uns heute mal durch das Maislabyrinth, das Bauer Johannsen vor der Stadt angelegt hat, laufen. Es soll toll sein." Rita setzte sich auf den Bettrand. Sie hatte schon von dem Maislabyrinth gehört und wurde jetzt neugierig. Sie stand auf und sagte: „Prima, nach dem Frühstück kann es losgehen."

Es war gegen elf Uhr, als sie am Maislabyrinth ankamen. Einige Leute waren schon darin unterwegs. Man konnte sie nicht sehen, weil der Mais so hoch stand, doch man hörte die Leute. Sie lachten und kreischten, sie schimpften oder kicherten. Rita und

Volker Falkenberg gingen auf den Eingang zu. „Sollen wir?“, fragte Volker. „Natürlich, auf was warten wir noch? Los geht’s“, meinte Rita freudig. Sie gingen hinein. Zunächst ging es nur geradeaus. Etwas später konnte man nur rechts oder links abbiegen. Rita und Volker nahmen den rechten Weg. Wenig später dasselbe. Entweder rechts oder links. Und so ging es immer weiter. Ab und zu ging es mal im Kreis herum. Dann nur geradeaus. Wieder rechts oder links. Rita und Volker liefen und liefen. Doch wo war bloß der Ausgang?

Volker sagte: „Das ist ein toller Irrgarten.“ Und Rita meinte: „Ja, schon, aber ich muss so langsam mal aufs Klo. Wir laufen jetzt schon eine Stunde hier herum. Wo geht’s denn wieder hinaus?“ Sie bogen in den nächsten Weg ein. Rita rief: „Hier waren wir schon mal.“ Rita zeigte auf eine Vogelscheuche, an der sie schon einmal vorbeigekommen waren. Nach weiteren dreißig Minuten sagte Rita: „Ich muss jetzt mal ganz dringend aufs Klo.“ „Mm“, machte Volker und kratzte sich am Kinn. Er hatte Durst und Hunger. Außerdem schwitze er schon mächtig. Irgendwo musste es doch wieder hinausgehen.

Volker sprang in die Höhe. Einmal, zweimal, so hoch er konnte, um über das Maisfeld sehen zu können. Nachdem er fünfmal gesprungen war, war er sich sicher. Er zeigte mit der Hand in Richtung Norden und meinte: „In diese Richtung müssen wir laufen." „Aha, dann laufen wir jetzt einfach querfeldein, bis wir heraus sind. Dann los", sagte Rita.

So schlugen sie sich durch die Maisgewächse und siehe da, zehn Minuten später waren sie heraus aus dem Labyrinth. Rita meinte: „Nie wieder gehe ich in ein Maislabyrinth."

„Aber in das Restaurant dort", sagte Volker und zeigte mit der Hand in Richtung Restaurant.

„Ja, erst aufs Klo, und dann essen und trinken wir was Feines. Das haben wir uns jetzt verdient", meinte Rita. Und so nahm der kleine Ausflug am Sonntag noch ein gutes Ende.

Frühjahrsputz

Es war Frühling und die ersten Sonnenstrahlen wärmten bereits die Luft. Für Inge war das das Startzeichen, mit dem Frühjahrsputz zu beginnen. Los ging es am Montag. Inge wusch alle Küchenschränke aus, schrubbte den Küchenboden und putzte das Fenster. Am Dienstag nahm sie sich noch den Kühlschrank vor. Er wurde gründlich ausgewaschen. Am Mittwoch ging es im Wohnzimmer weiter. Auch dort wurde das Fenster geputzt und die Gardine gewaschen. Dann kam der Teppich an die Reihe. Sorgfältig rieb Inge ihn mit Teppichschaum ab. Das duftete frisch. Am Donnerstag nahm sich Inge vor, die Sesselschoner zu waschen. Die Sessel und das Sofa waren einmal sehr teuer gewesen. Und damit nichts drankam, Flecken oder andere Gebrauchsspuren, schonte Inge die Polster mit Schonern. Auf dem Sofa lag eine Decke und die kam auch mit in die Waschmaschine. Man musste schon ein wenig achtgeben auf so teure Stücke. Alles wurde im Schongang gewaschen. Sicher ist sicher.

Und weil an diesem Donnerstag die Sonne so schön schien, hängte Inge die Sesselschoner und die Decke draußen auf die Leine. Die Nachbarin lag im Fenster und schaute zu. Sie hieß Ingrid, man duzte sich hier. Ingrid rief: „Was hängst du denn da für komische Sachen auf?“ Inge schüttelte über die Unwissenheit ihrer Nachbarin den Kopf.

„Das sind Sesselschoner“, antwortete sie.

„Sesselschoner? So etwas habe ich ja noch nie gesehen“, sagte Ingrid.

„Die solltest du dir auch anschaffen, dann bleiben deine Polster schön“, riet ihr Inge.

„Nein, lieber nicht. Ich möchte meine Polster sehen“, sagte Ingrid. Inge hatte dafür kein Verständnis. Sie schüttelte erneut den Kopf und dachte sich ihren Teil. Wie wohl die Sessel bei ihrer Nachbarin aussahen? Bestimmt nicht mehr wie neu. Und Kinder hatte die auch. Kinder passen nie auf und kleckern und krümeln. Da werden die Sessel bestimmt nicht mehr gut aussehen.

Inge murmelte so vor sich hin: „Ich bleibe bei meinen Sesselschonern, denn dann habe ich bis an mein Lebensende Spaß an meinen Polstern.“ Was meinen Sie dazu? Haben Sie auch Sesselschoner?

Sätze vervollständigen

Ein Fisch schwimmt im ... *(Wasser)*.

Ein Auto fährt auf der ... *(Straße)*.

Ein Vogel fliegt in der ... *(Luft)*.

Blumen wachsen in der ... *(Erde)*.

Ein Flugzeug fliegt am ... *(Himmel)*.

Ein Regenwurm wohnt in der ... *(Erde)*.

Ein Friseur schneidet die ... *(Haare)*.

Eine Köchin kocht auf dem ... *(Herd)*.

Ein Maler malt ein ... *(Bild)*.

Ein Huhn legt ... *(Eier)*.

Der Bäcker backt das ... *(Brot)*.

Ein Schriftsteller schreibt ein ... *(Buch)*.

Ein Segelboot gleitet im ... *(Wind)*.

Ein Schlauchboot schwimmt auf dem ... *(Wasser)*.

Ein Angler angelt ... *(Fische)*.

Ein Kapitän steuert ein ... *(Schiff)*.

Katzen fangen gerne ... *(Mäuse)*.

Eine Schneiderin näht ein ... *(Kleid)*.

Der Schuster besohlt die ... *(Schuhe)*.

Zum Schlafen gehen wir ins ... *(Bett)*.

Am Apfelbaum wachsen ... *(Äpfel)*.

Wie spät es ist, sehen wir auf der ... *(Uhr).*
Die Fingernägel schneiden wir mit einer ... *(Schere).*
Die Haare kämmen wir mit einen ... *(Kamm).*
Früher heizte man mit ... *(Kohle).*
Im Sommer scheint die ... *(Sonne).*
Im Winter fällt ... *(Schnee).*
Ein Loch im Socken wird ... *(gestopft).*
Eine zerknitterte Bluse wird ... *(gebügelt).*

Wenn der Regen erzählt

Guten Tag. Darf ich mich vorstellen? Ich bin der Regen. Ja, Sie haben richtig gehört. Ich bin der Regen. Nass und feucht, kalt und manchmal warm. Die Menschen mögen mich nicht besonders. Also, im Vergleich zur Sonne ziehe ich den Kürzeren. Oft werde ich beschimpft oder auch verflucht. Mistregen, blöder, doofer Regen. Doch ohne mich, also ohne das Wasser, das ich bringe, könnte kein Leben auf unserer schönen Erde existieren. Ich bin sehr, sehr wichtig und darauf bin ich stolz.

Es gibt aber auch Situationen, in denen mich die Menschen herbeisehnen. Zum Beispiel, wenn ich lange keinen Regen gebracht habe und die Sonne die Erde ausgedörrt hat. Ja, in einigen Ländern tanzen die Menschen sogar für mich. Sie nennen das den Regentanz. Dann komme ich und lasse es regnen. Ich will mal ein wenig, von dem, was ich alles erlebt habe, erzählen.

Kinder spielen gerne in Pfützen. Und wenn ich sehe, dass sich irgendwo Kinder langweilen, dann komme ich geschwind mit einer Regenwolke und lasse es regnen. Die Kinder jauchzen dann vor Freude und springen in den Pfützen herum. Sie lassen kleine Schiffchen auf dem Wasser fahren oder machen Patschelacke aus Sand und Wasser. Herrlich. Ich freue mich dann jedes Mal.

Wenn ich eine alte, gebrechliche Frau sehe, die mühselig mit der Gießkanne Wasser schleppt, um ihre Blumen zu gießen, dann helfe ich gerne. Ich lasse es dann schnell mal regnen und die alte Frau kann sich ausruhen.

Und weil Wasser in der Sonne verdunstet, muss ich auch hin und wieder die Bäche, Flüsse und Seen auffüllen. Sonst würden ja die Fische auf dem Trockenen liegen. Oft bin ich auch die letzte Rettung für die Felder der Bauern. Das Getreide, die Kartoffeln und die Erdbeeren können ohne Wasser nicht gedeihen.

Einmal habe ich ein Liebespaar geärgert. Die hatten es sich auf einer Decke in der Natur gemütlich gemacht. Sie herzten und küssten sich. Sie tranken Sekt und aßen Weintrauben. Da habe ich mich herangeschlichen, in Form einer kleinen, dunklen Regenwolke. Und direkt über ihnen ließ ich den Regen herunterprasseln. Die haben vielleicht geschrien. Das war ein großer Spaß für mich.

Einmal hatte eine Frau gerade Fenster geputzt. Da habe ich mal kurz dagegen geregnet. Sie hätten mal hören sollen, wie die Frau sich aufgeregt hat. Na ja, war nicht nett von mir.

Ja, so erlebe ich jeden Tag neue Dinge. Es macht Spaß, der Regen zu sein. Ich genieße es und bitte genießen Sie auch jeden Tag Ihres wertvollen Lebens. Und wenn es das nächste Mal regnet, dann wissen Sie, dass ich es bin. Ich, der Regen.

Was ich alles mag ...
(Reimgeschichte)

Ich mag Regen, wenn er fällt,
und Nachbars Hund, wenn er ... *(bellt).*

Ich mag den Wind, wenn er weht,
die Sonne, wenn sie am Himmel ... *(steht).*

Ich mag Bratwurst aus der Hand
und barfuß laufen im ... *(Sand).*

Ich mag auf der Erde jedes Tier
und trinke am Abend gerne ... *(Bier).*

Ich mag gern pfeifen und auch singen
und Glocken, die süß ... *(klingen).*

Ich mag Mühle, Dame und Schach
und die Taube auf dem Dach.
Ich mag Sonntage im Bett
und ein Brötchen mit viel ... *(Mett).*

Ich mag es, lange spazieren zu geh'n
und die Vögel fliegen zu seh'n.
Ich mag Küsse im Mondenschein
und Schokolade und guten ... *(Wein).*

Ich mag Freunde, die nicht zanken,
und Blumen, die schön ... *(ranken).*

Ich mag den Mond und all die Sterne
und süße Weintrauben auch mit ... *(Kernen).*

Ich mag Märchen und Geschichten
und mag es, selber mal zu ... *(dichten).*

Ich mag noch vieles mehr,
zum Beispiel den Strand und das ... *(Meer).*

Doch für heute ist jetzt Schluss,
weil ich schnell nach Hause ... *(muss).*

Wo ist das Haarnetz?
(Rategeschichte)

Einmal in der Woche wusch sich Iris die Haare. Anschließend kam Haarfestiger darauf und dann drehte sie Strähne für Strähne auf Lockenwickler. Wenn die Haare gut getrocknet waren, kämmte sie sich. Dann noch etwas Haarspray und die Frisur saß perfekt. Und damit es auch so blieb und am nächsten Tag noch gut aussah, schlief sie in der Nacht immer mit einem Haarnetz. Das wurde sorgfältig über die Haare aufgesetzt. So konnten die Locken im Schlaf nicht zerzausen. Iris schwor darauf.

Und wieder einmal war Samstagmorgen, Haarewaschtag. Iris holte ihr Haarnetz aus der Nachttischschublade, um es für den Abend schon bereitzulegen. Nun wollte sie zurück ins Bad und auf dem Weg dahin klingelte das Telefon. „Herrschaftszeiten, jetzt nicht", schimpfte Iris. Widerwillig nahm sie den Hörer. Es war Frau Dahlke, die drei Häuser weiter wohnte. Frau Dahlke war das wandelnde Tratschblatt. Sie wusste alles, nichts entging ihr. Iris wurde neugierig. Sie erfuhr, dass Herr Geiger, der zwei Häuser weiter wohnte, eine neue Frau haben sollte. Man hätte den Witwer mehrfach mit dieser Frau gesehen. Iris wollte alles wissen. Das waren ja mal hochinteressante Neuigkeiten.

Iris hörte zu und legte, ohne es zu merken, ihr Haarnetz auf die Hutablage. Später wusch sie sich die Haare und dachte nicht mehr an ihr Haarnetz, das nun auf der Hutablage im Flur lag. Erst am Abend, als Iris ins Bett wollte, lief sie ins Bad und wollte ihr Haarnetz aufsetzen. Doch wo war ihr Haarnetz? Es lag nicht dort, wo es sonst immer lag. Iris begann zu suchen. „Ja, bin ich denn deppert?“, fragte sie sich. Wo war das Haarnetz? Wo hatte Iris es hingelegt?

Sie hatte es doch beim Telefonieren in der Hand gehabt.

Lösung: Sie fand ihr Haarnetz auf der Hutablage im Flur. Die Frisur war gerettet.

Ein dicker Bauch

Wenn die Tage kürzer werden und die Adventszeit naht, dann nehmen die Versuchungen zum Naschen zu. In allen Geschäften gibt es Weihnachtsleckereien. Alles liegt so schön einladend in den Regalen. Gut sichtbar und in bequemer Greifhöhe. Adele und Herbert hatten schon ordentlich eingekauft. Und während Adele die dunkle und nasskalte Jahreszeit nutzte, um auf Vorrat zu kochen, lag Herbert auf dem Sofa und naschte.

Adele kochte Grünkohl mit Mettwurst, Linsensuppe, Rouladen und einen schönen, zarten Rinderbraten auf Vorrat. Jeden Tag kochte sie etwas anderes. Herbert erfreute sich währenddessen an Lebkuchen, Dominosteinen, Zuckerkringeln, Eierlikörkugeln, Marzipankugeln, Zimtsternen und Printen. So vergingen die Tage und Wochen und Herberts Bauch wurde immer dicker. Die Hosen spannten und er bekam kaum noch den Knopf zu.

Eines Morgens sagte Adele: „Du hast einen richtig dicken Wanst bekommen. Es ist wohl besser, wenn du mit der Nascherei aufhörst."

„Wer sagt das?"

„Ich sage das."

„Und wieso?"

„Deine Hosen passen nicht mehr."

„Quatsch." Herbert naschte weiter seine Süßigkeiten. Adele schüttelte den Kopf und meinte nur: „Du wirst schon sehen, was du davon hast."

Am Samstagnachmittag bekamen die beiden Besuch. Ihre Enkelin Jana war gekommen. Sie war ein aufgewecktes Mädchen. Jana setzte sich gleich zu ihrem Opa auf die Couch und kuschelte sich an den Opa. Sie hatte den Opa sehr lieb. Plötzlich hielt sie inne und rückte ein bisschen vom Opa ab. Skeptisch schaute Jana den Opa an. Dann meinte sie: „Opa, du hast ein Doppelkinn bekommen." Opa Herbert sah über die Bemerkung hinweg. Dann meinte Jana: „Opa, dein Bauch ist so dick wie bei einem Schwein. Du hast einen Schweinebauch, Opa."

Erschrocken fasste sich Herbert an seinen Bauch und fragte: „Was habe ich?"

„Einen dicken Schweinebauch, und den hattest du beim letzten Mal noch nicht", meinte Jana und grinste über das ganze Gesicht. Das war auch für Herbert zu viel. Er wollte keinen Schweinebauch. Ab sofort wollte er den Ratschlag seiner Frau befolgen und keine Süßigkeiten mehr essen. Ja, die lieben Frauen ... meistens haben sie recht.

Der Seniorenratgeber

Frau Scheffler war krank. Sie lag mit Husten, Schnupfen und Kopfweh im Bett. Frau Scheffler bat ihren Mann, einige Medikamente aus der Apotheke zu holen. Sie wollte schnell wieder auf die Beine kommen. In drei Tagen war Samstag und somit ihr Kegelabend, den sie auf keinen Fall verpassen wollte.

Herr Scheffler eilte in die Apotheke. Dort wurde er gebeten, die Krankheitssymptome seiner Frau zu beschreiben, damit man wusste, welches Medikament das richtige ist. „Mh." Herr Scheffler war etwas hilflos. „Versuchen Sie es", wurde er angespornt. Herr Scheffler räusperte sich kurz, dann sagte er: „Also, meine Frau bellt wie ein Hund, wenn sie hustet. Die Nase läuft ihr wie ein Wasserfall. Die Bronchien pfeifen wie die Orgelpfeifen und ihr Kopf, na ja, der piesackt sie." „Aha", meinte die Apothekerin und stellte die Medikamente zusammen. Herr Scheffler bezahlte. Die Apothekerin fragte, ob es noch etwas zu lesen sein dürfte. Ja, durfte es.

Wieder zu Hause, schaute er nach, was man ihm zu lesen mitgegeben hatte. Zum Vorschein kam ein

Seniorenratgeber. Nanu, war er denn schon so alt? Gerade erst war er sechzig geworden. Bisher bekam er immer die Apotheken-Umschau, die man auch scherzhaft „Rentner-Bravo“ nannte. Er blätterte den Seniorenratgeber durch. Oje, oje, was hatte man sich bloß dabei gedacht? In dem Ratgeber ging es um Hörgeräte, Probleme bei Reizdarm, Sockenanzieher, Hämorridensalbe und um gesunde Ernährung.

Herr Scheffler brachte seiner Frau die Medikamente und gab ihr auch den Seniorenratgeber. Das hätte er besser nicht machen sollen. „Was soll das denn heißen? Willst du mir damit etwa sagen, dass ich alt bin? Ich sehe jünger aus, als ich bin. Viel jünger. Nimm das Heft mit. Ich will das nicht!“, wetterte sie.

Herr Scheffler wollte keinen Streit und entsorgte den Seniorenratgeber. Sicherlich hatte die Apothekerin es nur gut gemeint. Und woher sollte sie auch wissen, ab wann man ein Senior ist? Man ist immer so alt, wie man sich fühlt.

Der Fleck muss weg

Es war Sommer. Die Sonne schien warm vom strahlend blauen Himmel. Ideales Wetter für ein Rendezvous. Herr Lenz schlenderte die Straße entlang. Er war früh dran. Genau gesagt, eine Stunde zu früh. Doch er hatte es nicht länger im Haus ausgehalten. Herr Lenz hatte eine Verabredung mit seiner netten Nachbarin in einem hübschen Café. Er mochte sie schon lange gut leiden und hatte sich endlich getraut, sie zu einer Verabredung einzuladen. Nun war er nervös. Er brauchte unbedingt etwas Süßes für die Nerven. Da kam ihm die Eisdiele gerade recht.

Herr Lenz kaufte sich zwei Kugeln Eis im Hörnchen. Schokolade und Erdbeere. Doch kaum, dass er angefangen hatte, daran zu lecken, tropfte das Eis bereits auf seine Hand. Die warme Sonne schmolz es und er konnte gar nicht so schnell lecken, wie es tropfte. Das Eis tropfte auf sein schönes weißes Hemd. Schoko und Erdbeere. Braune und rote Flecken. Herrje. Herr Lenz versuchte, mit seinem Taschentuch die Flecken zu entfernen. Doch die waren hartnäckig und breiteten sich lieber im Hemd aus.

„Nein, nein, die Flecken müssen weg“, schimpfte er. Er rieb und rieb, dann gab er auf. Herr Lenz verspürte Hunger. So hielt er am Bratwurststand an und kaufte sich eine Bratwurst mit Senf. Und gerade als er in die Bratwurst beißen wollte, machte sich der Senf selbstständig. Klatsch, landete der Senf auf dem Hemd.

„Himmel noch mal, auch das noch“, fluchte er. Mit der Serviette versuchte er, den Fleck loszuwerden. Und wer schon mal einen Senffleck hatte, weiß, dass die Serviette da nicht viel hilft. Ruckzuck hatte Herr Lenz einen großen gelben Fleck auf dem Hemd. Genau auf dem Bauch. Zeit, sich umzuziehen, gab es nicht mehr. Herr Lenz musste wohl oder übel mit dem fleckigen Hemd zu seinem Rendezvous. Oh, das war ihm peinlich.

Beschämt betrat er das Café. Seine Nachbarin war schon dort. Herr Lenz entschuldigte sich für sein bekleckertes Hemd. Da lachte seine Nachbarin und meinte: „Lieber Herr Lenz, ich habe mich auf Sie gefreut, nicht auf Ihr Hemd. Und ich möchte Sie kennenlernen, nicht Ihr Hemd.“

Da fiel dem Herrn Lenz ein Stein vom Herzen. Das war ja wirklich eine ganz liebe Nachbarin. Und so ein paar dumme Flecken können einen schönen Tag nicht verderben.

Stampfkartoffeln, Spinat und Fischstäbchen

Hans und Judit Sperling hatten zwei Enkelkinder. Sie hießen Moritz und Nele. Opa Hans und Oma Judit passten oft auf die beiden auf. Sie taten das gerne, denn sie liebten ihre Enkelkinder über alles.

Einmal, es war ein Samstag, wurden die Kinder schon am Vormittag gebracht. Das bedeutete, dass sie zusammen mittagessen würden. Opa Hans fragte die Kinder: „Wollen wir gemeinsam kochen?“

„Oh ja“, riefen die Kinder begeistert.

„Und was sollen wir kochen?“, fragte Opa Hans, der sich die Antwort schon denken konnte.

Moritz sagte: „Unser Lieblingsessen natürlich.“

Nele rief: „Au ja, Fischstäbchen mit Stampfkartoffeln und Spinat.“

Opa fragte in die Runde: „Wie viele Fischstäbchen möchte jeder essen?“

„Ich esse vier“, meldete sich Moritz, „ich will nämlich schnell groß und stark werden.“

„Ich esse drei Fischstäbchen“, meinte Nele.

„Das sind zusammen wie viele?“, fragte Opa.

„Äh, sieben“, sagte Moritz, der schon in der Schule war.

Oma Judit meldete sich: „Ich hätte gerne fünf Fischstäbchen, weil ich heute großen Hunger habe.“

Opa Hans wollte auch fünf Fischstäbchen und sagte: „Wie viel sind fünf und fünf?“

„Zehn“, rief Moritz.

„Und wie viele sind es, wenn eure sieben noch dazukommen?“

„Opa, warum müssen wir so viel rechnen?“

„Weil Übung den Meister macht. Also, wie lautet das Ergebnis? Zehn und sieben ist?“

Moritz rief: „Siebzehn.“

Bravo, das war geschafft. Die siebzehn Fischstäbchen kamen in die Pfanne. Oma Judit kochte Stampfkartoffeln und Nele rührte den Spinat um. Um Punkt zwölf Uhr war das Essen fertig. Es schmeckte allen gut und es blieb nichts übrig. So muss es sein.

Die Kinder wollten gerne am nächsten Samstag wieder zum gemeinsamen Kochen kommen. Opa meinte: „Gemeinsam kochen ja, aber es gibt nicht immer Fischstäbchen. Schließlich gibt es noch andere gute und leckere Lebensmittel.“

Das fanden die Kinder in Ordnung und sie wünschten sich Spaghetti mit Tomatensoße. Ja, gemeinsam kochen und in Gesellschaft essen macht Spaß.

Ein Strauß Wiesenblumen

Jeden Samstag besuchte Herr Bommel seine Mutter im Seniorenheim. Er nahm auch gerne mal eine kleine Überraschung mit. Schokolade, Pralinen oder auch Kekse. Herr Bommel nahm sich Zeit für seine Mutter. Bei gutem Wetter gingen sie spazieren und manchmal auch in ein Café. Seine Mutter war sehr dankbar dafür.

Wieder einmal war Samstag und Herr Bommel war auf dem Weg ins Seniorenheim. Diesmal hatte er sich eine ganz besondere Überraschung ausgedacht. Es war Juni und vor der Stadt blühten auf den Wiesen die schönsten Wiesenblumen. Er wollte einen Strauß pflücken. Schön bunt sollte er werden.

Herr Bommel stieg aus dem Auto und lief auf die Wiese. Es duftete herrlich und die Insekten surrten und brummten. Sie flogen von Blüte zu Blüte. Es gab lilafarbene Grasnelken und rote Mohnblumen. Auf der Wiese wuchsen auch kleine blaue Glockenblumen, weißes Wiesenschaumkraut, gelbes Eisenkraut und bläulich-lilafarbenes Knabenkraut. Herr Bommel pflückte einen großen Strauß zusammen. Da wird sich die Mutter freuen, dachte er und stieg wieder ins Auto. Weiter ging es in Richtung Seniorenheim.

Kaum hatte Herr Bommel den Eingangsbereich betreten, kam ihm eine Dame entgegen. Die sagte: „Das sind ja hübsche Blumen." Und weil Herr Bommel ein ganz lieber Mensch war, griff er in den Strauß und zog zwei Blumen heraus. Galant überreichte er der Dame die Blumen. Nur vier Schritte weiter traf er auf eine Frau, die einen Rollator schob. „Oh, sind die Blumen schön", rief die Frau und zeigte dabei auf den Strauß Wiesenblumen. Herr Bommel zog einige Wiesenblumen aus seinem Strauß und schenkte sie der Frau. Zehn Schritte weiter begegnete ihm ein Herr, der an einem Gehstock lief. Die Augen von dem Mann leuchteten, als er die Blumen sah. Er sagte: „Ich habe meiner Frau früher auch Wiesenblumen gepflückt." Herr Bommel zog weitere Blumen aus dem Strauß und schenkte sie dem Mann. Und als Herr Bommel vor der Tür seiner Mutter stand, hatte er nur noch drei Wiesenblumen übrig. Oje.

Doch seine Mutter freute sich. Sie sagte: „Drei Blumen sind besser als keine. Du hast eben ein großes Herz, mein Junge. Und das ist auch gut so. Ich teile gerne mit anderen. Wenn ich damit eine Freude machen kann, ist das doch schön." Herr Bommel küsste seine Mutter auf die Stirn.

Für den nächsten Besuch nahm er sich vor, zwei Sträuße Wiesenblumen zu pflücken. Einen zum Teilen und einen für seine Mutter.

Erdbeerzeit

Es war genug Regen gefallen, die Sonne schien warm, auf den Feldern konnten die Erdbeeren gut und süß reifen. Schon Anfang Juni gab es heimische Erdbeeren zu kaufen. Es war Erdbeerzeit, so sagten die Bauern. Leuchtend rot, saftig und süß wären sie. Doch in den Geschäften und auf dem Markt waren sie noch reichlich teuer. Die Bauern luden zum Selberpflücken ein und dann war der Preis nicht ganz so hoch. Viel Menschen nutzten das. Renate Schümchen wollte das auch. Daher meinte sie eines Morgens zu ihrem Mann: „Thomas, wir gehen heute Erdbeeren pflücken."

Thomas schaute ganz verdutzt und sagte: „Wie, selber pflücken?"

„Wir gehen aufs Erdbeerfeld und pflücken Erdbeeren. Wir nehmen uns zwei Körbchen mit, die wir voll pflücken. Erdbeeren sind gesund und ein Erdbeerboden oder Marmelade schmeckt dir ja auch. Und Erdbeeren machen auch nicht dick. Also, los geht's."

Man muss sich schon ordentlich bücken, um an die kleinen roten Früchte zu gelangen. Schon nach fünf Minuten stöhnte Thomas: „Das geht in den

Rücken, lange halte ich das nicht durch." Auch Renate hatte es im Rücken, doch sie sagte nichts und biss die Zähne zusammen. Zwanzig Minuten später waren die beiden Körbchen voll. Zufrieden fuhren sie nach Hause.

Zwei Tage später wollte Renate wieder Erdbeeren haben. Sie bat ihren Mann Thomas, alleine zum Feld zu fahren. Sie selbst hätte zu Hause alle Hände voll zu tun und daher keine Zeit zum Pflücken. Thomas wollte nicht, er meinte: „Mir schmerzt der Rücken noch vom letzten Mal. Ich werde mich wohl nicht bücken können."

Renate antwortete: „Papperlapapp, man muss in Bewegung bleiben. Wer rastet, der rostet." Dann reichte sie ihm drei Körbchen, die er ganz füllen sollte. Auch das noch. Thomas seufzte und machte sich dann murrend auf den Weg.

Am Erdbeerfeld angekommen, kam ihm eine Idee. Am Feldrand stand eine große Holzbude. Dort gab es jede Menge schon gepflückte Erdbeeren zu kaufen. Und genau das tat er. Er kaufte drei Kilo Erdbeeren, füllte sie in seine Körbchen um, schaute den anderen noch ein wenig beim Pflücken zu und musste grinsen. Heute würde er keine Rückenschmerzen bekommen. Dann fuhr er heim.

Seine Frau Renate staunte nicht schlecht und lobte ihn mit warmen Worten: „Oh, wie toll. Da warst du aber fleißig. Zum Dank bekommst du heute gezuckerte Erdbeeren mit Schlagsahne.“ Thomas lächelte geschmeichelt und hoffte, dass der liebe Herrgott ihm diese Notlüge verzieh.

Tiere erraten

(Zum Mitraten. Nach jeder Beschreibung eine kleine Pause einlegen, damit der Zuhörer sich äußern kann.)

Es war Mittwochabend. Im Fernsehen lief nichts Gescheites. Ruthild langweilte sich und meinte zu ihrem Mann: „Mir ist so langweilig. Hast du nicht eine Idee, was man so machen könnte? Ein Spiel vielleicht?" Christian runzelte die Stirn und dachte nach. Zwei Minuten später hatte er eine Idee und sagte: „Wir spielen Tiere erraten." Ruthild fragte: „Wie soll das denn gehen?"

„Ich beschreibe ein Tier und du musst raten, um welches Tier es sich handelt", erklärte Christian. „Dann fange mal an, ich bin schon ganz gespannt", meinte Ruthild.

Christian begann, ein Tier zu beschreiben: „Das Tier lebt in Afrika und es ist gelb mit braunen Flecken. Es hat einen langen Hals und kommt deshalb leicht an die Blätter der Bäume, um sie zu fressen. Na, was für ein Tier meine ich?"

Ruthild überlegte, dann sagte sie: „Es ist eine Giraffe." „Genau, jetzt bist du dran", rief Christian.

Ruthild begann: „Also, das Tier hat ein braunes

Fell und sieht dem Menschen etwas ähnlich. Es lebt und schläft in den Bäumen. Es kann sich von Ast zu Ast hangeln und auch von Baum zu Baum springen. Es benutzt sogar ein Stöckchen, um an die Käferchen und Larven zu gelangen. Bananen mag es auch. Welches Tier meine ich?“

Christian dachte nach, dann rief er: „Ich weiß es, es ist ein Affe, ein Schimpanse.“ „Richtig, jetzt bist du wieder dran“, sagte Ruthild. Das Spiel machte ihr Spaß.

Christian sagte: „Mein Tier gibt es überall. Es ist nicht sehr groß und hat ein weiches Fell. Mal ist es braun, mal gestreift und es gibt es auch in Weiß. Es hat kleine, spitze, gute Öhrchen, Augen, die in der Nacht gut sehen können, und lange Barthaare. Manchmal schmust es gerne mit seinen Menschen. Dann schnurrt es zufrieden. Mein Tier kann auch Mäuse jagen. Na, welches Tier meine ich?“

Ruthild sagte: „Eine Katze, es ist eine Katze.“ „Richtig.“ Dann war Christian wieder dran.

„Das Tier, das erraten werden soll, ist dick, rund und rosa. Es hat eine große Nase zum Schnüffeln. Es suhlt sich gerne im Schlamm und frisst alle Abfälle, die im Haushalt anfallen. Es hat einen kleinen Ringelschwanz und grunzt.“

Ruthild sagte: „Ein Schwein, das habe ich sofort erraten.“ Dieses kleine Ratespiel hat Ruthild und

Christian gut gefallen. Und so beschlossen sie, wenn wieder einmal nichts im Fernsehen war, sich die Zeit mit einem Ratespiel zu vertreiben.

Weitere Tiere zum Erraten:

Das Tier, das erraten werden soll, lebt in einer Herde. Im Winter ist es im Stall, im Sommer auf den Wiesen. Es frisst das Gras und hält es schön kurz wie ein Rasenmäher. Es hat ein dichtes Fell mit Locken. Man kann aus der Milch dieser Tiere Käse machen. Und wenn sie auf eine andere Wiese ziehen, passt ein Hütehund auf sie auf. Und über alle wacht ein Schäfer.

Wer weiß, welches Tier gemeint ist?

(Das Schaf)

Das Tier, das erraten werden soll, ist klein und hat Federn. Oft sind es weiße Federn oder auch braune Federn. Sie scharren und kratzen gerne mit ihren Füßen im Sand herum. Sie picken Körner auf, gackern viel und legen jeden Tag ein Ei.

Wer weiß, welches Tier gemeint ist?

(Das Huhn)

Das Tier, das erraten werden soll, ist ein Vierbeiner und der beste und treueste Freund des Menschen. Er liebt sein Herrchen oder Frauchen über alles. Er ist treu und auf ihn ist Verlass. Dieses Tier lässt sich gerne streicheln und kraulen.

Wer weiß, welches Tier gemeint ist?

(Der Hund)

Das Tier, das erraten werden soll, ist groß, hat vier Beine und einen tollen langen, haarigen Schwanz. Es ist gerne draußen auf der Weide, es braucht viel Platz, weil es sich bewegen will. Es gibt diese Tiere mit schwarzem, braunem oder weißem Fell. Manche sind auch gescheckt. Bei uns leben sie bei den Menschen und haben Hufe unter den Füßen. Die Menschen reiten gerne auf ihnen.

Wer weiß, welches Tier gemeint ist?

(Das Pferd)

Sommer, Sonne, Schwimmbadzeit

Das Wichtigste für einen Besuch im Schwimmbad ist der Badeanzug für die Frau und die Badehose für den Mann. Auch ein Handtuch darf nicht fehlen. Ganz wichtig ist auch schönes Wetter, die Sonne muss scheinen. Alles andere, was man noch so braucht, ist schnell noch zusammengepackt.

Es war ein schöner Sommertag und Carola wollte mit ihrem Mann Frank zum Schwimmbad. Die Badetasche war bereits gepackt. Darin waren zwei Handtücher, Sonnencreme, eine Schwimmbrille, Badelatschen, Kekse, Weingummis und eine Flasche Wasser. Carola klemmte sich die Liegedecke unter den Arm und Frank nahm die Tasche. Beide waren schon lange nicht mehr im Freibad gewesen. Es würde ihnen guttun, so viel stand fest.

Im Schwimmbad herrschte schon reger Betrieb. Jeder, der an diesem Tag nicht arbeiten musste, war hier. Mütter mit ihren Kindern, eine ganze Schulklasse und viele Senioren. Carola fand noch einen freien Platz auf der Liegewiese. Sie breitete die Decke aus. Frank stöhnte laut, als er sich darauf niederließ. Er seufzte: „Hoffentlich komme ich hier wieder hoch.“ „Wird schon“, meinte Carola.

Nach einer Weile meinte Frank: „Mir ist heiß, ich gehe ins Wasser.“ „Halt, erst eincremen, sonst hast du später einen Sonnenbrand.“ Nach dem Eincremen schnappte sich Frank die Schwimmbrille. Dann liefen beide zum Schwimmbecken. Die Badelatschen zogen sie am Rand des Beckens aus und stiegen dann die Treppen hinab ins Wasser. „Brr, ist das kalt“, meinte Frank und schüttelte sich. Dann tauchte er mutig einmal unter und schwamm los. Carola brauchte etwas länger. Sie kühlte sich erst die Beine und die Arme ab. Das war gesünder. Gerade, als auch sie ganz ins Wasser tauchen wollte, kam Frank angeschwommen. Er schimpfte: „Verflixt, die Schwimmbrille ist ganz beschlagen. Ich kann gar nichts mehr sehen.“

„Dann spuck mal rein und verreibe die Spucke auf den Gläsern. Das soll helfen“, schlug Carola vor. Frank spuckte, verrieb und schwamm zufrieden wieder los. Carola wollte gerade erneut ins Wasser tauchen, da kam Frank schon wieder zurück.

„So was Blödes, ich habe Wasser im rechten Ohr. Ich höre nichts mehr darauf. Es ist so dumpf in meinem Ohr“, schimpfte er diesmal. Carola sagte: „Dann musst du aus dem Wasser. Stell dich an den Rand des Beckens, neige den Kopf, sodass dein rechtes Ohr zur Erde zeigt, und dann hüpfe.“

Dann sprang Carola schnell ins Wasser und schwamm los. Sie rief noch: „Ich möchte nun endlich schwimmen. Wenn noch was ist, gehe zum Bademeister.“ Und weg war sie. Sie schwamm und genoss es. Wenn man erst mal im Wasser war, war es sehr angenehm. Carola schwamm mehrere Runden. Mal auf dem Rücken, mal Brustschwimmen. Sie fühlte sich pudelwohl. Und schwimmen ist ja auch sehr gesund.

Winterkleidung – Sommerkleidung

(eine Geschichte zum Mitmachen)

So langsam neigte sich der Frühling seinem Ende zu. Man konnte den Sommer schon fühlen und riechen. Es war schon angenehm warm und der Duft der Frühblüher hing in der Luft. Doch an Selmas Garderobe hing noch der Wintermantel. Und als sie am späten Vormittag zum Bäcker lief, hatte sie ihn auch an. Der Wintermantel war natürlich viel zu dick und zu warm. Selma schwitze ordentlich, als sie wieder zu Hause ankam. „Ich brauche dringend etwas Luftigeres, etwas Leichtes zum Anziehen. Der dicke Mantel kann jetzt in den Schrank“, sagte sie sich und lief ins Schlafzimmer. Dort öffnete sie den Kleiderschrank und suchte nach einer dünneren Jacke. Sie schob die Bügel hin und her. Dann meinte sie: „Herrje, hier hängt ja alles durcheinander. Das muss ich ändern und nach Winter- und Sommerkleidung sortieren.“ So nahm Selma ihre ganze Kleidung von der Stange und legte sie aufs Bett.

„Los geht's. Die Sommersachen kommen alle nach rechts und die Wintersachen nach links. Na, was haben wir denn hier? Eine dicke, warme Flanellbluse. Ab mit ihr nach links zu den Wintersachen. Und was haben wir hier? Eine luftige, leichte Bluse. Du bist ein Sommerkleidungsstück. Ab nach rechts“, redete Selma mit sich selbst. Eine gute halbe Stunde hatte sie noch zu tun. Und bei manchen Kleidungsstücken war sie sich nicht ganz sicher. Die hängte sie dann in die Mitte. Übergangskleidung nannte sie es. Zum Schluss kam noch der dicke Wintermantel nach ganz rechts in den Kleiderschrank.

Ich will mal einige Kleidungsstücke aufzählen, die Selma noch einsortiert hat. Vielleicht wissen Sie ja, wo Selma sie einsortieren musste.

Eine leichte weiße Leinenhose?
(Sommer- oder Winterkleidung?)

____

Eine dicke rote Strickjacke?
(Sommer- oder Winterkleidung?)

____

Ein hellblauer dünner Rock?
(Sommer- oder Winterkleidung?)

____

Ein ärmelloser, leichter Baumwollpulli?
(Sommer- oder Winterkleidung?)

____

Eine mit Daunen gefütterte dicke Jacke?
(Sommer- oder Winterkleidung?)

Ein schöner dunkelblauer Wollrock?
(Sommer- oder Winterkleidung?)

Eine gelbe Seidenbluse?
(Sommer- oder Winterkleidung?)

Eine warme, lange Wollhose?
(Sommer- oder Winterkleidung?)

Ein hübsches, leichtes Kostüm?
(Sommer- oder Winterkleidung?)

Die Abkühlung

Der Sommer meinte es gut. Zu gut. Die Temperatur war auf über dreißig Grad im Schatten gewandert. Karl sehnte sich nach einer Abkühlung. Aber wo sollte er sich abkühlen? Ah ja, im Schwimmbad. Das war nicht weit weg, er konnte zu Fuß hingehen. Karl war schon lange nicht mehr dort gewesen. Bestimmt war es schon vierzig Jahre her. Damals war er jung, schlank und sportlich gewesen. Heute war er sechzig und hatte einen dicken Bauch.

Karl zwängte sich in seine alte Badehose. Oje, er würde den Bauch einziehen müssen. Dann schnappte er sich noch ein Handtuch, steckte sich etwas Geld ein und lief zum Schwimmbad. Er fand eine freie Bank, die direkt am Schwimmbecken stand. Karl setzte sich erst einmal. Er schaute sich um und sah sich die Menschen an. Schöne, sportliche Männer gab es hier, mit Waschbrettbauch und tollen Muskeln. Er sah schöne Frauen in Bikinis oder Badeanzügen.

Am Schwimmbecken gab es zwei Sprungtürme. Einer war einen Meter hoch und der andere drei Meter hoch. Karl fragte sich, ob er noch einen Kopfsprung hinbekam. Vielleicht später. Zunächst wollte er sich abkühlen und etwas schwimmen. Er stand auf und zog sofort seinen dicken Bauch ein. Er versuchte es zumindest, so ganz wollte der Bauch nicht verschwinden.

Karl stieg ins Wasser und schwamm los. Das klappte noch, auch wenn er etwas aus der Puste kam. Als er später wieder auf der Bank saß, schaute er zu, wie andere von den Sprungtürmen sprangen. Toll, er bekam auch Lust dazu. Karl stand auf, zog wieder den Bauch ein und stieg dann auf das Einmeterbrett. Karl wippte etwas, das Brett bog sich unter seinem Gewicht. Karl atmete tief ein und aus. Karl hob die Arme und ließ sie wieder sinken. Hoffentlich bleibt die alte Badehose an ihrem Fleck. Was, wenn ich sie verliere?

Einige Frauen standen indessen am Beckenrand und schauten Karl zu. Auch das noch. Jetzt blieb ihm nichts anderes übrig, als zu springen. Karl setzte zum Sprung an. Erwartungsvoll nickten ihm die Frauen zu. Karl sprang. Dann platschte es kräftig und eine große Welle entstand. Autsch, Karl hatte einen Bauchplatscher hingelegt. Jetzt taten der Bauch und die Oberschenkel weh. Die Badehose hatte er Gott sei Dank noch an.

Karl versuchte zu lächeln, als er aus dem Wasser kam. Sein Bauch war feuerrot. Noch im selben Moment beschloss er, nie wieder vom Sprungturm zu springen. „Ich bleibe beim Brustschwimmen, man muss es ja nicht gleich übertreiben“, murmelte er.

Karl war reichlich abgekühlt für diesen Tag und ging nach Hause.

Stürmische Zeiten

Die Krauses machten Urlaub an der Nordsee. Genauer gesagt, an der ostfriesischen Nordseeküste. Dort gibt es Ebbe und Flut und jeder, der schon einmal dort war, weiß, dass es an der Nordseeküste recht stürmisch sein kann. Aber die Luft ist gut und gesund und darum machten die Krauses dort auch Urlaub.

Schon früh am Vormittag stapften Helga und Theo Krause durch das schlickige Watt. Das sollte auch sehr gesund sein. Sozusagen Fangopackung umsonst. Es war sehr windig und sie kamen nur mühselig voran. Immer wieder sanken sie tief in den Schlick ein. Theo stöhnte und meinte: „Jetzt hätte ich gerne ein frisch gezapftes Pils." Der Wind blies kräftiger, die Haare flogen, die Jacken flatterten und Helgas Strohhut flog davon. Weg war er und nur noch als Pünktchen in der Ferne zu sehen. Nur langsam erreichten sie wieder das Festland. Dort spülten sie ihre Füße ab und liefen zurück in das kleine Fischerdorf. Theo freute sich auf ein Pils und Helga auf ein Eis mit doppelt Sahne. Sie liebte Sahne. Der Wind blies inzwischen sehr kräftig und pfiff über die Felder und Wiesen. Die Bäume bogen sich im Wind.

Mit zerzausten Haaren erreichten sie das Eiscafé. Innen waren alle Tische besetzt. Die Plätze auf der Terrasse waren frei und so nahmen Helga und Theo im Freien Platz. Theo wollte endlich sein Pils. Der Wind pfiff ihnen um die Ohren und schlug die Tischdecke hoch. Helga schaute skeptisch in den Himmel, doch Theo meinte: „Es wird schon gehen." Er wollte jetzt sein Pils. Theo bestellte.

Nur wenig später wurden Eis und Pils gebracht. Die nette Bedienung stellte das Glas auf den Tisch. In diesem Augenblick kam eine kräftige Windböe. Der Wind erfasste die Schaumkrone vom Pils und blies sie davon. „Oh, mein Schaum, mein Schaum ist weg", schrie Theo. Aber der Wind hatte noch nicht genug. Nun erfasste er die Sahne, die auf dem Eis thronte, und blies auch sie fort. Sie klatschte einige Meter weiter an einen Zaun. Wehmütig schaute Helga der Sahne hinterher. „Meine schöne Sahne", jammerte sie. Enttäuscht löffelte sie ihr Eis und Theo trank sein Pils ohne Schaum. Beim nächsten Sturm wollten sie lieber warten, bis innen ein Tisch frei wird. Aber Spaß hat es trotzdem gemacht.

Hier stimmt was nicht

(zum Mitraten)

Was schwimmt nicht im Meer?
Fisch, Wal, Hai, Fischstäbchen?

Was fliegt nicht am Himmel?
Flugzeug, Meise, Schwalbe, Auto?

Was lebt nicht im Fluss?
Aal, Flusspferd, Karpfen, Hund?

Was wächst nicht im Gemüsebeet?
Salat, Gurken, Bohnen, Spielzeug?

Was lebt nicht im Haus?
Menschen, Haustiere, Kinder, Nashorn?

Was zieht man nicht an?
Mantel, Kleid, Schuhe, Stuhl?

Was ist kein Käse?
Gouda, Emmentaler, Tilsiter, Blume?

Was ist kein Haustier?
Katze, Hund, Meerschweinchen, Giraffe?

Was ist keine Nudel?
Spaghetti, Makkaroni, Suppennudeln, Salami?

Was ist keine Wurst?
Fleischwurst, Leberwurst, Schmierwurst, Hanswurst?

Was sind keine Tabletten?
Kopfschmerztabletten, Rheumamedikamente, Blutdrucksenker, Gewürzgurken?

Was kann man nicht essen?
Rinderbraten, Gulasch, Schnitzel, Steine?

Was gehört nicht in den Küchenschrank?
Tassen, Teller, Gläser, Schuhe?

Was sind keine Schuhe?
Sandalen, Stiefel, Stöckelschuhe, Mütze?

Was fährt nicht auf der Straße?
Auto, Motorrad, Bus, Flugzeug?

Was schwimmt nicht auf dem Wasser?
Schiff, Schlauchboot, Ruderboot, Sofa?

Guten Appetit

Heute brate ich mir einen Fisch,
der kommt am Mittag auf den ... *(Tisch)*.
Fisch ist bekanntlich sehr gesund,
er macht nicht dick und auch nicht ... *(rund)*,
dazu gibt es Kartoffeln und Soße
und eine Serviette auf die ... *(Hose)*,
ich würze den Fisch mit Pfeffer und Salz
und brate ihn knusprig in etwas ... *(Schmalz)*,
der Tisch ist gedeckt,
die Senfsoße ... *(schmeckt)*,
ich danke Gott für all die guten Gaben
und dass ich mich daran kann ... *(laben)*,
ich danke auch für den reich gedeckten Tisch
und den knusprig gebratenen ... *(Fisch)*,
dazu trinke ich ein Glas Wein,
bei dem guten Essen muss das ... *(sein)*,
wenn ich dann satt bin, mache ich ein Schläfchen
und zähle dabei die ... *(Schäfchen)*,
es geht mir gut, ich bin gesund,
doch jetzt halte ich meinen ... *(Mund)*.

Eine geniale Idee

Einmal wollte der Sommer gar nicht enden. Selbst zum Ende des September hin war es noch sehr warm. Ein jeder, der nicht arbeiten musste, nutzte die Gelegenheit, um sich auf den Weg zum Badesee zu machen. Große und kleine Menschen tummelten sich im Wasser und am Sandstrand. Auch Martina hatte sich auf den Weg gemacht und kam nun schwitzend am Badesee an. Sie suchte sich einen schönen Platz aus und breitete dann ihr Strandtuch aus. Martina machte es sich darauf gemütlich.

Sie sah den Kindern zu, wie sie im seichten, flachen Wasser planschten. Martina verspürte auch Lust, ins Wasser zu gehen. Ein wenig schwimmen, das würde gut erfrischen. Doch sie war alleine am See. Wer sollte auf ihre Sachen aufpassen? Die Geldbörse, die Sonnenbrille und ihr Handy. Schnell ist so etwas weg. Es brauchte nur ein Dieb in der Nähe zu sein und schon hat er alles gestohlen. Da hatte Martina eine Idee.

Sie kramte aus ihrer Hosentasche eine Plastiktüte hervor. In diese Plastiktüte steckte sie ihre Geldbörse, die Sonnenbrille und das Handy. Dann buddelte sie ein Loch in den Sand. Als das Loch tief genug war, legte sie die Tüte hinein und füllte das Loch wieder mit Sand. Anschließend legte sie das Strandtuch darüber. Martina freute sich über diese geniale Idee. Dann ging sie zum Wasser, um ein wenig zu schwimmen. Das tat gut.

Martina schwamm ein Stück hinaus. Wind war aufgekommen und das Wasser schlug Wellen. Martina kämpfte mit den Wellen und beschloss zurückzuschwimmen. Der Wind wurde immer kräftiger. Sie sah, dass Handtücher wegflogen. Die Leute liefen hinterher, um ihre Handtücher wieder einzufangen. Was war das? Das war doch ihr Handtuch, das da gerade wegflatterte. Oh nein. Darunter waren doch ihre Sachen vergraben. Martina rannte zu der vermeintlichen Stelle, an der sie ihre Sachen vermutete. Das Handtuch war weit weggeweht. Ihre Hose und die Bluse lagen auch verstreut am Strand herum.

Auf allen vieren krabbelte sie im Sand herum und fing an zu buddeln. Wo war die Plastiktüte? Martina grub und grub. Der Sand flog in alle Richtungen. Die Tüte müsste doch zu finden sein. Martina war verzweifelt. Aber sie hatte nicht vor, ohne ihre Tüte nach Hause zu gehen. Sie würde suchen, bis sie sie gefunden hat.

Plötzlich hörte sie eine Kinderstimme rufen: „Mama, Mama, ich habe einen Schatz gefunden." Nicht weit von Martina entfernt stand ein Dreikäsehoch und hielt ihre Tüte hoch. Der kleine Junge hatte einen Wassergraben um seine Burg gegraben und war so auf die Plastiktüte gestoßen. Martina war erleichtert. Sie bekam ihre Tüte zurück und der kleine Junge bekam einen Finderlohn. Ein ganz großes Eis.

Die einzige Pfanne

Das Wochenende war vorüber. Tja, die Wochenenden sind immer viel zu kurz. Es war nun Montag und Herr Klotsch musste zur Arbeit. Herr Klotsch arbeitete auf dem Bau, er war Maurer. An diesem Montagmorgen hatte er großen Appetit auf ein frisches Brötchen mit knusprig gebratenen Fleischwurstscheiben. Auf der Arbeitsstelle stand ein Bauwagen mit einem Gaskocher und einer Pfanne. Also stand nichts einem leckeren Frühstück im Wege. Herr Klotsch kaufte sich auf dem Weg zur Arbeit Brötchen und einen Kringel Fleischwurst.

Um neun Uhr war Frühstückspause. Gut gelaunt eilte Herr Klotsch in den Bauwagen. Sein Magen knurrte schon unüberhörbar laut. Das Wasser lief ihm bereits im Mund zusammen, wenn er an die knusprig gebratene Fleischwurst dachte. Doch was war das? Oh nein, da stand bereits sein Arbeitskollege an dem Gaskocher. In der einzigen Pfanne, die es hier gab, brutzelten Spiegeleier und Speck. Zu dumm, dass er nicht schnell genug war. Kalte Fleischwurst mochte Herr Klotsch nicht. So aß er an diesem Morgen nur zwei trockene Brötchen. Herr Klotsch nahm sich vor, die Fleischwurst am Abend zu braten.

Doch da gab es ein Problem. Seine Frau, die Frau Klotsch, hatte Gulasch gekocht. Und ihr Gulasch war gut, das konnte der Herr Klotsch nicht ablehnen. Die Fleischwurst blieb im Kühlschrank.

In der Nacht wachte Herr Klotsch auf. Er dachte an seine knusprig gebratenen Fleischwurstscheiben. Und schon lief ihm wieder das Wasser im Mund zusammen. So ging Herr Klotsch um zwei Uhr in der Nacht in die Küche und briet sich seine Fleischwurstscheiben. Schön heiß, knusprig und mit viel Senf verputzte er sie. Ja, wenn man auf etwas Heißhunger hat, sollte man nicht zögern und der Versuchung nachgeben.

Ein Kleid erzählt

Vor langer, langer Zeit nähte mich eine Schneiderin. Ich wurde aus einem schönen königsblauen Stoff zugeschnitten. Die Schneiderin nähte mich zusammen. Ich bekam ausgestellte Ärmel mit Rüschen am Handgelenk. Der Rock fiel weich und geschmeidig bis zu den Fußknöcheln. Und am Halsausschnitt nähte mir die Schneiderin einen weißen Spitzenkragen an. Ich sah toll aus und wurde einer Schaufensterpuppe angezogen. So stand ich dann in einem kleinen Schaufenster. Aber nicht lange.

Eine hübsche junge Frau, die Isabell hieß, kaufte mich. Isabell war im heiratsfähigen Alter und das gefiel mir. An den Sonntagen flanierten wir im Stadtpark. Stets begleitete uns ein junger Mann. Oft saßen wir bei Kaffee und Kuchen in einem netten Café. Bei Sonnenschein gingen wir am Rhein spazieren. So gefiel mir das Leben als Kleid. Ich war viel an der frischen Luft und der leichte Sommerwind hielt mich in Bewegung.

Nach einem Jahr bemerkte ich, wie Isabells Bauch immer dicker wurde. Bald passte sie nicht mehr in mich hinein. Das Kindchen in Isabells Bauch wuchs und wuchs und ich kam in den Schrank. In den dunklen Schrank. Lange Zeit hing ich unbeachtet dort. Eines Tages kam Isabell und probierte mich an. Doch, oh Schreck, ich passte ihr nicht mehr. So kam ich wieder zurück in den Schrank. Und das für viele Jahre. Ich muffelte nach Mottenkugeln und war ganz staubig. Nie wieder zog Isabell mich an. Ich landete eines Tages in einem Koffer, wurde auf den Dachboden getragen und lag dort weitere Jahre. Man hatte mich vergessen.

Sechzig Jahre später wurde der Koffer eines Tages geöffnet. Eine fremde Frau holte mich heraus. Ich war ganz knittrig und unmodern geworden. Die Frau befreite mich vom Staub und nahm mich mit zu einem Flohmarkt. Viele Leute gingen dort an mir vorbei. Sie fassten mich an, aber niemand kaufte mich. Ich wurde traurig und als ich gerade weinen wollte, nahte die Rettung. Eine kleine Gruppe junger Menschen näherte sich. Eine junge Frau meinte: „Das ist ja ein schönes Kleid. Was meint ihr? Wäre das nicht etwas für unsere Theatergruppe?“ Die anderen stimmten zu und ich wurde gekauft.

Nach einer gründlichen Reinigung sah ich wieder aus wie neu. Ich erstrahlte förmlich im neuen Glanz. Ab sofort war ich an jedem Samstagabend auf der Theaterbühne zu sehen. Bis heute. Und wenn Sie demnächst mal im Theater sind, dann schauen Sie doch mal genau hin. Vielleicht entdecken sie mich. Mich, das schöne königsblaue Kleid mit einem weißen Spitzenkragen.

Kaffeestündchen

Neulich hat mich Frau Schneider mal wieder zum Kaffeestündchen eingeladen. Meistens macht sie das einmal im Monat. Ich gehe eigentlich gar nicht so gerne hin. Oft ist ihr Kaffee dünn und der Kuchen staubtrocken. Einmal war er sogar klietschig. Aber ich habe Mitleid mit Frau Schneider. Sie ist ganz alleine und hat nur wenige Bekannte. So mache ich dann eine Ausnahme und gehe hin, damit Frau Schneider Unterhaltung bekommt. Man muss ja schließlich mal mit jemanden reden.

Diesmal fiel das Kaffeestündchen auf einen Mittwoch. Ich zog mein Alltagskostüm an und machte mich auf den Weg. Im Blumenladen kaufte ich noch drei rote Nelken mit etwas Grün. Das musste reichen. Wenn sie starken Kaffee und Sahnetorte anbieten würde, ja, dann hätte ich ihr Weinbrandbohnen mitgenommen. Aber bei trockenem Kuchen reichten die drei Nelken dicke. Die kamen auch nicht so teuer.

Frau Schneider freute sich über meinen Besuch und auch über die drei roten Nelken. Der Kaffeetisch war bereits nett eingedeckt. Frau Schneider stellte die

Nelken in eine Vase und dann auf den Kaffeetisch. Ich setzte mich schon mal an den Kaffeetisch. Frau Schneider kam mit dem Kuchen. Der war noch unter einer Haube versteckt. Ich konnte nicht erkennen, ob es trockener Sandkuchen oder Marmorkuchen war.

Frau Schneider goss den Kaffee ein. Oh, der roch gut. Er sah auch gut aus in der Tasse mit Goldrand. Ich nippte vorsichtig. Der Kaffee war gut, er schmeckte ausgezeichnet. Dann lüftete Frau Schneider die Abdeckhaube und zum Vorschein kam ein Schokoladenkuchen. Donnerwetter, damit hatte ich nicht gerechnet. Frau Schneider lächelte, als ich das dritte Stück aß.

An diesem Mittwochnachmittag trank ich vier Tassen Kaffee und aß drei Stücke Schokoladenkuchen. Dann plauderten wir noch ein wenig. Gegen sechs Uhr verabschiedete ich mich. Ich schämte mich wegen der drei Nelken. Dabei war ich nicht geizig. Ich nahm mir fest vor, zum nächsten Kaffeestündchen eine Schachtel Weinbrandbohnen mitzubringen. Mit Weinbrandbohnen liegt man immer richtig. Bei jeder Gelegenheit.

Der alte Gärtner

Einmal lebte ein Mann in einer großen Stadt. Er wohnte in einem Mietshaus, in einer kleinen Wohnung. Dieser Mann hieß Eugen. Er war einmal ein guter Gärtner gewesen. Tagein und tagaus, von früh bis spät war er fleißig. Er pflanzte und säte, er harkte und pflegte, er zupfte Unkraut, schnitt die Sträucher, die Bäume und die Rosen in vielen Gärten der Stadt. Jedermann mochte ihn gut leiden, denn er kümmerte sich stets liebevoll um alles. In den Gärten blühte und duftete es vom Frühjahr bis in den Herbst hinein.

Doch dann kam der Tag, an dem Eugen alt war und die Knochen ihm schmerzten. Er konnte keinen Garten mehr umgraben, kein Unkraut mehr zupfen und keine Sträucher mehr schneiden. Doch Eugen hatte einen kleinen Balkon mit einigen Blumenkästen und einem Blumenkübel. Da brauchte er sich kaum noch zu bücken und auch nicht schwer zu arbeiten. In seinen Blumenkästen blühten die schönsten Blumen weit und breit. Oft saß er auf seinem Balkon und genoss die bunte, duftende Blütenpracht. Lavendel, kleine Duftnelken, Fuchsien und Begonien blühten um die Wette.

Eines Tages stand er auf seinem Balkon und blickte hinunter auf den Hof. Da sah er etwas. „Das ist doch nicht möglich“, meinte er nachdenklich. Der Hof war mit Steinen gepflastert, dort spielten die Kinder gerne Fußball. Es gab auch Garagen für die Autos. Eugen wurde unruhig. Er wollte wissen, was er da sah. Eugen lief geschwind die Treppen hinab und eilte in den Hof. Dann staunte er. Da wuchs doch tatsächlich zwischen den Steinen eine kleine Sonnenblume heran. Das Pflänzchen war noch klein und zart. Eugen streichelte es zärtlich. Dann handelte er.

Er baute einen kleinen Zaun um die Sonnenblume und gab ihr Wasser. Nun wuchs die Sonnenblume von Tag zu Tag immer höher und höher. Sie streckte sich der Sonne entgegen. Und eines Tages öffnete sie ihre gelbe Blüte. Eugen und alle seine Nachbarn freuten sich. Sie beschlossen, das zu feiern. So gab es dann an diesem Tag ein kleines Fest mit Grillwurst, Bier und Limonade. Und für die Sonnenblume gab es eine Kanne frisches Wasser.

Ja, es ist schön, wenn man sich noch über die kleinen Dinge des Lebens freuen kann.

Die drei Goldfische

Diese Geschichte kann auch zum Mitbewegen anregen, wenn der Vorleser die Bewegungen während des Vorlesens vormacht.

Es lebten einmal drei Goldfische in einem schönen großen Gartenteich, die da hießen: Jupp, Max und Hansi. Die drei Goldfische hatten es gut in dem Gartenteich. Es gab Seerosen, unter denen man sich gut verstecken konnte, vor allem, wenn der Fischreiher angeflogen kam. Futter gab es auch in Hülle und Fülle. Trotzdem hatten die drei Goldfische ab und an Langeweile. Deshalb beschlossen sie, einmal in der Woche etwas Besonderes zu machen. So dachte sich jeder Goldfisch mal etwas Spannendes aus.

Einmal war Hansi an der Reihe und der hatte auch schon eine tolle Idee. Jupp und Max waren schon sehr neugierig. Was er sich wohl ausgedacht hatte? Vielleicht Versteckenspielen oder Fangen? Hansi tat noch ein wenig geheimnisvoll.

Gegen Mittag war es dann so weit. Hansi sagte: „Wir werden heute tanzen. Genauer gesagt, wir machen

Wasserballett. Ich zeige euch die Bewegungen, die wir dann alle gleichzeitig machen.“ Goldfisch Hansi fing an zu singen: „Flossen hin und Flossen her. Einmal nach rechts und einmal nach links. Das geht ganz leicht und sieht schön aus.“ Er blubberte eine Melodie, die sich wie der Walzer von Strauß anhörte, als er sang: „Einmal runter, einmal rauf, rundherum, das ist nicht schwer.“ Goldfisch Hansi drehte sich schwungvoll. Überall entstanden Luftblasen, die in der Sonne glitzerten.

Max und Jupp, die beiden anderen Goldfische, machten es nach. Flossen hin und Flossen her, einmal runter, einmal rauf und rundherum, das ist nicht schwer. Das klappte schon ganz gut.

So tanzten die drei Goldfische den ganzen Tag im Gartenteich. Von oben schien die Sonne auf das Wasser, es glitzerte schön und wie im Scheinwerferlicht auf einer Bühne tanzten die Goldfische Ballett. Wasserballett. Das sah wunderschön aus. Erst am Abend klatschten sie sich Beifall mit ihren Flossen. Und selbst im Schlaf tanzten sie noch weiter. Flossen hin und Flossen her.

Was ist gemeint, was wird gesucht?

(zum Erraten)

Welches Fest ist gemeint?
Zu welchem Fest schmücken wir einen Baum mit Kerzen, Kugeln, Sternen und Lametta?

Einmal im Jahr ist ...

(Weihnachten).

Zu diesem Fest kaufen wir Eier und kochen sie hart. Dann werden die Eier in Farbe gelegt und anschließend mit Speck eingerieben, damit sie schön glänzen.

Einmal im Jahr ist ...

(Ostern).

Zu welchem Fest bekommen wir eine Torte, auf der ganz viele Kerzen stehen? Alle Kerzen müssen auf einmal ausgepustet werden und dann darf man sich etwas wünschen.

Einmal im Jahr hat man ...

(Geburtstag).

Welches Mittagessen ist gemeint?
Schöne große und dünne Rindfleischscheiben werden mit Senf eingestrichen und dann mit Speck, Gewürzgurke und Zwiebeln belegt. Dann zusammengerollt, fest gebunden und gebraten.

Wer weiß, wie das Gericht heißt?

(Rouladen)

Kartoffeln werden in Stücke oder Scheiben geschnitten und dann mit Speck und Zwiebeln gebraten.

Wer weiß, wie das Gericht heißt?

(Bratkartoffeln)

Man nehme klein geschnittenes Rindfleisch, würze es kräftig mit Salz, Pfeffer und Paprika und brate es dann mit vielen Zwiebeln an. Wenn es gar ist, wird die Soße gebunden. Schön scharf schmeckt es besonders gut.

Wer weiß, wie das Gericht heißt?

(Gulasch)

Geriebene Kartoffeln werden mit Eiern, Salz und etwas Mehl vermischt. Häufchenweise wird dann die Kartoffelmasse in heißem Öl in einer Pfanne gebraten. Schön knusprig am Rand.
Manch einer isst gerne Apfelmus dazu.

Wer weiß, welches Gericht gemeint ist?

(Kartoffelreibekuchen)

Welches Fahrzeug ist gemeint?
Es fährt auf vier Rädern, hat einen Motor und ein Lenkrad und bringt uns schnell zum Ziel.

Wer weiß, wie das Fahrzeug heißt?

(Auto)

Damit viele Menschen mitfahren können, gib es ein ziemlich großes Fahrzeug mit ganz vielen Sitzplätzen. Vorne sitzt der Fahrer, bei dem man auch eine Fahrkarte kaufen kann. Wenn man aussteigen möchte, drückt man auf einen Knopf. In der Mitte ist eine große Tür, die öffnet sich, wenn der Fahrer hält.

Wer weiß, wie das Fahrzeug heißt?

(Bus)

Wie heißt das Fahrzeug, das auf Schienen durch die Stadt fährt? Viele Menschen haben Platz darin. Früher gab es einen Schaffner darin, bei dem man die Fahrkarte kaufen konnte. Und jedes Mal, wenn eine Haltestelle kam, bimmelte es.

Wer weiß, wie das Fahrzeug heißt?

(Straßenbahn)